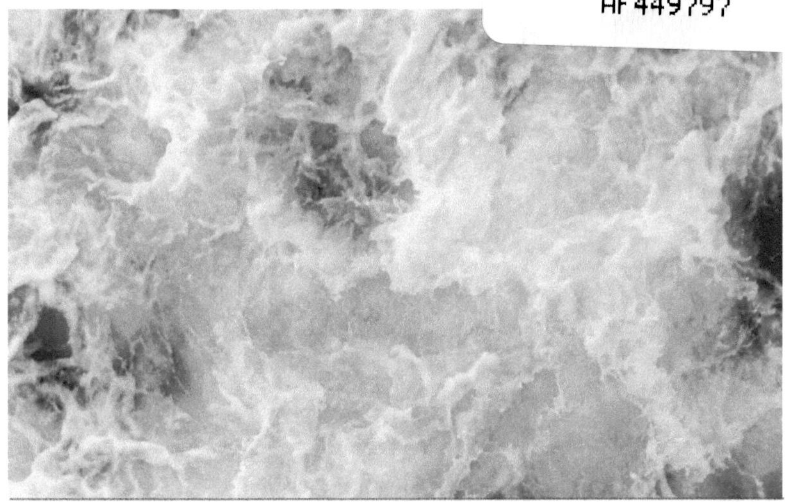

La hebra que teje el mar

Claudia Islas Coronel

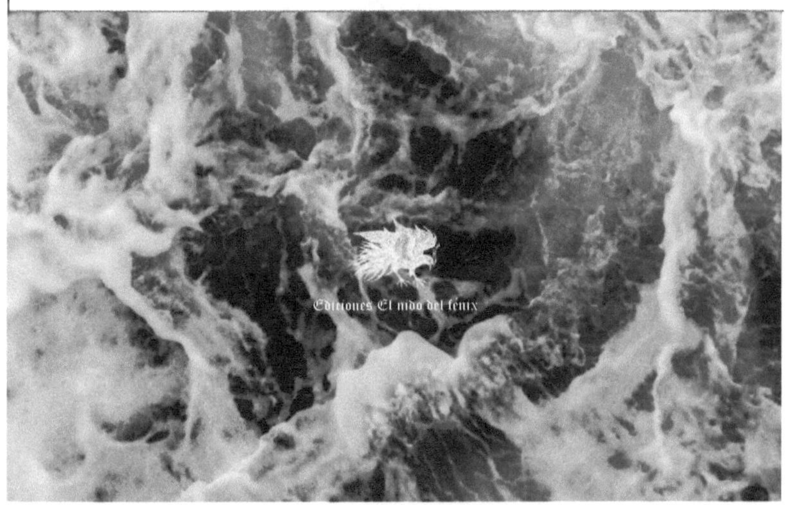

La hebra que teje el mar

Claudia Islas Coronel

A Natalia y Claudio, todo el mar

Transitar en las líneas de un libro se convierte en un viaje del que no sabemos cómo vamos a volver, en "La hebra que teje el mar" este viaje se asemeja más a una navegación, a recorrer desde mareas tenues y amorosas hasta las tormentas del recuerdo, del anhelo. En este poemario una isla nos muestra el mar que resuena en su interior, que la rodea, que la habita a manera de imágenes, fotografías de la memoria que se tejen entre las letras, y nos va guiando por un camino en donde la melancolía rompe con algo en su interior para después iluminarlo todo, y seguirnos guiando por ese mar convertido en la nostalgia del futuro, de lo que se fue un día, de lo que se deseaba ser y se quedó atrapado entre los remolinos de agua.

Podemos ver a través de los ojos de las islas que somos todos, una ciudad líquida en donde las palabras caen con cadencia al lugar correcto, y se humedecen de la brisa marítima para flotar después en ese anhelo de lo que no se sabe que también se habitó. El mar se convierte en un ente que observa al lector a lo lejos y transforma los escenarios de asfalto en una ambigüedad que solo podemos ver en nuestro interior, en nuestros propios recuerdos.

Dos escenarios que se transforman en espejos que se reflejan y se confunden entre sí, que recrean un tercer espejo en donde podemos vernos a su vez, vemos nuestro propio reflejo que va entrelazándose en nuestra propia memoria, y que ahora compartimos en medio de las líneas del poema, un poema que desde que recorremos lo convertimos en nuestro.

La voz de Claudia, que al final es la voz del poema, de algo vivo que grita desde lo profundo, nos lleva por este viaje en un bote imaginario desde lo luminoso y cálido hasta la tormenta de las ausencias, de las pérdidas irreparables, y vamos entonces, salvándonos un poco del naufragio de nuestras voces internas, con sus imágenes que al final provocan que evoquemos inevitablemente a nuestro propio mar.

Alejandra Quintero
Morelia,2020

La hebra que teje el mar

Calcetines rojos

I
La tarde de estambre
se enreda sobre la ventana

sus dedos corceles
enhebran carretas
en el crepúsculo

su mirada hace nudos de luminarias
que guiñan sobre la falda del volcán

una gota silente
-de alguna tormenta pasada-
anida bajo los párpados de la gárgola

el verano
paladea el viento nocturno
desde el tejado de un hospital

el goteo

prendido a la muñeca marchita

                de una mujer

se aferra

al vals del claroscuro

en un derecho y un revés

la hebra escarlata

            tiñe la tarde

y otra gota translúcida

                  enredada a la gravedad

rodea su abrazo

en espera de la vida

un ritmo de flores pardas

que la abuela le dejó

                anudado en la mirada

trenza el futuro de su andar

los tejados de la ciudad

                       se destiñen

se engarzan a las farolas antiguas

        rasgando el horizonte

de las calles desmoronadas por el viento

la oscuridad es su cabello

es el tiempo que cae a gotas

es silencio que se esparce

                     en un vuelo golondrino

los minutos elásticos

reposan sobre su cuerpo

el anhelo heredado

va creando

      en gota y hebra

      calcetines diminutos

           para el universo

              dentro de su ser

II

Al otro lado del camino
las ventanas
encienden los párpados

                del puerto

la ansiedad se enreda
       en los pasos del hombre
            que se despide del muchacho
el mundo se encoge a sus espaldas
mientras se cierra el portón del pasado

cargado de esperanza
lleva en su andar
la certeza marina de la luna
aquel abrigo antiguo
y un reflejo que pronto nacerá

cada luciérnaga encendida
se enreda con la oscuridad
cuando el camino circular

             se decanta

Ella, promesa en lontananza
otra gota cae
y el Chagall que le sonríe
        mientras la mira tejer

una cadena engarzada
otro grano de sal que cae al abismo
es pincel el ovillo encendido
que dibuja el camino de clepsidra

En silencio
la hebra que teje el mar
va hilando la noche
            con el amanecer

Kurma

I

Herederos del todo

      amos de la destrucción

somos auroras queriendo lazar la luna

aprendices de guerreros

      jugando a elevar el instinto

         en la hoguera hacia
           el abismo

nunca supimos caer

y presumimos volar

artificios intelectuales

     sobre alas de celofán

somos la grieta del cielo

que quiso navegar marisma

somos río sin canto

     nube sin mar

vamos soltando redes de humo

      creciendo la corriente

         misería gris

que navega entre promesas

embriagados de ambición

llenamos el aire con palabras

desdeñamos el tiempo

y lanzamos mensajes al mar

una elegía naufraga

            de extinción

de cómo los herederos y su avaricia

terminaron dueños del smog

botellas vacías

flotando sobre olas turbias

que ya no cuentan

    ya no brillan

        no saltan

           ni respiran

II

Quelona golfina

suspiro de ambar marino

que nace con el día

laúd de los mares

carcasa de la noche

sostén este mundo

que somos líquidos

        y no metal

el abrigo de Kurma

envuelto en plástico

flota sobre olas pardas

parábolas grises

        que se desmoronan

cuando las mantarrayas

        trazan la vertical

III

Quisiste atrapar el vaivén del mar

para reinventar el himno de un atardecer

comprar los pasos descalzos

      enderezar el horizonte

y fuiste sembrando muerte

inerte destino

el baile errante de un alma

      -suspiro de la noche-

llanto de engranes oxidados

      elevando música detrás de la vitrina

quisiste, Ícaro

desde tu pequeño vuelo de ambición

      atajar las estrellas

imaginaste el mundo a tus pies

sin saber que eras tú

la carcasa que sostenía

        la vida

perdido en los pasillos del caparazón

      el laberinto

sigue coleccionando escamas de sirena

abre los ojos Ícaro

que el tesoro es el camino que recorre

      la brisa sobre la piel

y los luceros caídos

son canto de ballenas

que arrulla al mar

hasta el amanecer

GUAJIRA

Voy de regreso al papel
con los puños áridos
    como febril soldado
        entre la hierba
deseando convertir el llanto
            en isla
para llorar sobre tus pechos
acomodar en ellos la distancia

retocar el dolor desmembrado
    que se va impregnando en el cuerpo
        con cada despedida

con cada risa que naufraga en lejanía
el camino de ropa vieja que se asoma inocente
        en los balcones

y yo que no soy más que visitante sin tierra
te entrego estas palabras
    al vuelo
        a la espera eterna

Tropicana

A mi negro corazón le hace falta fuego

                                   tu fuego

por eso todas las noches sueño

            con abrir tu puerta de campos verdes

para saborear

                  el baile de los poetas hambrientos

ese llanto bullanguero que se transpira

                                   cantando

déjame mirarte

                  en silencio

pintar las olas del caribe con los colores

                  que debiera tener tu falda

escuchar a tus zapatillas labrar las calles

beber de tu historia una estrella

adornarte las tardes con té de lluvia

y esperarte nube entre la hierba

déjame, guajira

            ser ese poeta ansioso

            ese que se guarde tu calor en la mirada

Nihon go ne?[1]

No hablo japonés
tus ojos horizonte
miran al sol nacer

Watashi wa[2]

Una vez fui *koi*[3]
ímpetu tigre feroz
ahora dragón

---

1   ¿Hablas japonés?
2   Yo
3   Pez carpa

Hamabe 浜

No todas las sirenas

            sueñan con el mar

algunas como sombra de fragata

               surcan el viento

viajeras de espuma

se montan sobre las quillas

sin destino

tras los velos de sal

se inventan islas diminutas

les tejen nidos sobre cunas plateadas

que arrullan con el canto de la luna

enmarañados entre la noche y el día

les van creciendo los años

raíces que fueron escamas

de nube y ola

son guardianas atemporales

de tormentas que beben

en una tarde

para luego lloverla sobre la ciudad

su alma líquida viaja con el viento

hasta salpicar los zapatos nuevos del viajero

con tristezas ancestrales

de tardes infinitas destejiendo el horizonte

las sirenas no conocen la muerte

son espuma viva que conjura el velo

de la playa a la eternidad

CIUDAD GRIS

Se necesita ser isla

para mirar al mar amanecer en la ventana

 y saludar al vecino del edificio seis

se necesita un alma líquida

con marea de viento

para buscar peces de banqueta

brincando olas de adoquín

saberse inquilina del mar

es transformarse perpetuamente

flotar entre olas de tiempo

ser botella náufraga

      mensaje en clave

rodar los días para labrarlos

hasta ser liviana como el reflejo

ser isla es saberse roca y arena

        sin pretender rascar cielos

es sortear humores

      crearse tormenta

          con la sonrisa húmeda
sabiendo que al final
          la espuma vendrá

para ser isla en una ciudad
hay que ablandar el pavimento
escuchar el rumor de olas
                    en cada semáforo
y pretender que se añora el vendaval

para soñar el mar
rodeada de asfalto
hay que llover la tarde
hacer un paraguas de jacaranda
y vestir con gaviotas a las alondras

para ser isla no hace falta el mar
no se sabe el caracol guardián de su aliento
ni el desierto haz de su reflejo en el *mirage*

para ser isla y conjurar océanos
hay que empaparse los ojos
cantar con las sirenas
y navegar

Looking Back

Volver la vista al callejón

caminar en círculo las piedras

y sentarse en la banqueta

para volverse a mirar

nos encontré de nuevo en la esquina

bebiendo pintas

pintando cantos de mujeres libres

sobre los parques verdes

seguimos allí

islas con el uniforme largo

con los pies alados

y el destierro del olvido

ISLANDER

A veces las islas lejanas
nos traen de vuelta el nombre que fuimos

¿Cómo asumirte lluvia si ya eras mar?
¿Cómo nublarte, hija del sol?

Algo de piedra antigua
            habitó siempre en tus pies

un dejo de té negro hizo nido en tu andar
y el disfrute por el añejo petricor
fue inundando tu luz

avinagrado entre malta
            y *scones*
la pesca de un sueño
soltó las amarras
y una vereda sin nombre
te llevó a naufragar

apostar en contra del tiempo
aclara el reflejo

aquí yace
        entre líneas
el pasado de un ave
que fue pez
y luego ciudad

TWENTY NOTHING

Volví

a encontrarme canario

      detrás del ventanal

a llover

como aquella tarde

frente a la abadía

de tu suéter azul

regresé a reír la noche

sobre tu paraguas negro

para reclamarte

mis tardes de sol

      -con *cream tea*-

para encontrarte ebrio

marinero de la confusión

por fin

volví -tormenta-

sobre esa isla   que ya no soy

TEJER UNA ISLA DE CIUDAD

Contra la marea de la calle
un hombre carga en su mochila
la pesca del día
        una red llena de mar
        y dos espejos de sol

Ella desteje la tarde
        con las últimas hebras del día
un bricolaje de nubes
        al derecho y al revés
        que va tiñendo tornasol el parque

se encienden de trinos las ramas
y vuela el crepúsculo de regreso al nido
        un arrullo cálido
de danza ligera entre el cielo y la cuna

desde la ventana

tres acordes de luna creciente

              son melodía al revés

los primeros pasos al viento de una sirena

aprendiendo a volar

una fragata planea silente sobre la arena

es nota líquida que navega desde el balcón

balbuceos marinos

que viajan desde una flor

el silencio se desliza por la calle

las voces se resguardan ya de la oscuridad

y el óxido de las farolas en la vía

sueña con ser reflejo del mar

se encabalga el velo de la luna

con las pisadas firmes de sol

sigilosa se escurre la noche

desde la ventana hacia la isla

será la sal que acaricia el sueño

arena del tiempo que esculpe la piel

serán los acordes de una vida

que lleve en su voz el amanecer

es arrullo el canto de una sirena

        que anida bajo los párpados

        cuando el tejido se hace espuma

un derecho y un revés

conjuro de calma

     mientras el mundo

          en un suspiro

       se asoma al anochecer

TORMENTAS

Fuimos nube

desierto

y olas

luego

aprendimos a cerrar la puerta

Mi juego es abrir puertas cada que oscurece

aunque sigo sin encontrar

    esa hebra que teje la noche mientras sueñas

por eso escribo aves

        para que vuelen hacia tu mirada

pero se me transforman nubes

           que pesan grises

y luego caen sobre tus zapatos

        en una tarde veraniega

nubes piedra

que no conocen

      la suavidad de tu perfume

          endulzando

            la acera

hace días que las sonrisas

son todas quillas de ciudad

luces marinas que se encienden

sobre las calderas del desierto

mecen ilusiones

hasta el pico de la sierra

                    y no duermo

            esperando

a que el saguaro vuele

     a que mi alma se eleve sobre la montaña

     y amanezca la noche

          llena de estrellas

el estupor de mediodía cae sobre la arena

la sombra compañera desaparece

y sigo aquí

descalza

esperando al petricor del desierto

a las zarpas del halcón

al pico del buitre

que me ha de llevar

hasta tu puerta

RELÁMPAGO

Cuatro paredes blancas
conjuro inestable
presencia de almizcle
            -sin sombra-

en este grano desierto
ya no quedan nubes en donde escribirte
ni caballos que galopen el latido de tu tierra

en este infinito
me sobran las manos
            que dudosas se aferran al vacío
                        de tu horizonte

nube gris mi boca
        tatuaje desteñido
        telegrama oscuro sin destinatario

tu silencio sobre el estruendo

es oscuridad perenne

  de tonalidades fugaces

que se dibuja naufragio colgado de la luna

una montaña sin Olimpo

eleva mi voz

para inventarse Minotauro sin laberinto

   en tu playa sin Céfiro

son las grayas tejiendo

  redes de arena

   sobre tu aliento

     -que me hace falta-

para nombrar esta isla

  aferrada

   a tu memoria sin ancla

Cliso

Centellas

La liebre resorte

arranca la pluma

desliza las horas

como cisne sobre papel

las piedras que encontró mi padre

                            -en Rusia-

son el caparazón de una tortuga

caleidoscopios del pasado

quizá ventanas entreabiertas

la rana salta

y el charco se mece

hace círculos de origami

sobre las palabras

        desde el cansancio

                de la mano

hace tiempo que sus sílabas

solo habitan la memoria

ahora su danza es lenta

y sin cadencia

las voces regadas sobre la hierba

se aclaran la garganta en un trago atemporal

que revuelve la puerta

el murmullo de una ola

arrastra sobre estas paredes

una historia que se cuenta sola

desde el final del lago

dar vuelta a la hoja

y volver al río

al *flow* de una canción

        que aún no se canta

pero ya se baila

continua discurre la voz

sigue contando renglones vacíos

colgando las pautas de un trino

                        en silencio

picotazos que cazan la marcha

retuercen el cielo

se asoman tormentas

el relámpago

es una liebre que apremia

y dicta su voluntad

a la marea de los rebeldes

TEJEDORA

Bajo la lluvia

      vuelves

envuelta en el azul de la tarde

iluminando con tu bondad la vía

          de piedras antiguas

rasgando aquella noche de mercurio

cuando las hebras de tu sonrisa

trenzaron el cielo

será el recuerdo de tus manos

     un hogar que nunca

     por muy lejos

       se disuelva

aun cuando en el tiempo

se diluya la distancia

     aquella hebra

       sigue siendo

         nuestro callejón

a pesar de nosotras

de los pasos lejanos enredando el viento

sigues tejiendo

las palabras que se me hacen nudo

cuando la acera del frente escurre

       tu recuerdo

temporal de olvido

    barquito de papel

ahogado en una tarde de junio

nunca supe unir

el derecho del revés

ni encender la tarde

sin un canto salado

cuando el silencio náufrago

logre encantar a las sirenas

vendrá otra vez la noche

y regresaré al mar

será entonces cuando
llueva la tarde sobre esta isla
y entre nubes de estambre
                    tu suéter azul
me vuelva a tejer completa

***

Me gustan los suéteres
con ellos vuelve tu sonrisa
                cofre de infancia
candil sutil del perfume a hogar

mi padre nunca usa corbata
cubre su otoño la luz que tejen
las manos tersas de mi madre

Naufragio

La mirada de aquél que fuera un hombre
yace vacía sobre el pavimento
de lo que fueran sus ojos ha quedado
si acaso la línea blanca del mastil a la vela
            -quizás el último recuerdo-

asomarse a los ojos de la muerte
es buscar entre neblina
un pozo profundo
donde encerrar las horas

el silencio invade los días
como la oscuridad a las retinas
de aquel que ya no respira

si acaso una chispa atizara la noche
la memoria lograría reposar sobre el tiempo

doloroso es el reflejo del naufragio
cuando se intenta navegar la mirada
de aquél que se ha vaciado de ánima

sólo la eternidad
       habita en los ojos de un muerto

Cenotafio

El mar   siempre el mar
última ilusión de mi abuela
las cortinas de su mirada
                  que se diluye azul

dame el mar
llévate mis pasos
el tatuaje de sol
suspiro de fuego
entre canto y espuma

tarde-mar
píntame el mar-coíris
con la séptima ola
donde descansa la paz de Juan

Tú, travieso duende
encanta la marea una vez más
roba la voz de la noche
último pirat-amar

descubre el oscuro tesoro

que pintaste reflejo de venus

en cetácea estela

        mi estatua de sal

memoria silente de pescador

meciendo redes antiguas

bajo tus pies de arena a la deriva

altar de adioses

sobre la playa soleada

desliza parvadas

esparce el horizonte tornasol

aquí los últimos lamentos

la mirada transparente

del monstruo tras la puerta

aquí el pasado destello

trazo del futuro

        tiza cometa

rasguño de oscuridad

aquí el final de todos los miedos
y al fin tú
       en el añil marino

mirada que revienta contra el futuro
donde el cielo derrama su final

aquí tú y yo
una ola bermeja
un imán pelícano

sólo mercurio
meciendo la verdad
que rompe la quilla
enredado en el perfume húmedo
              de tu cabello

aquí su boca fluctuante
pronuncia la eternidad
y el silencio
es eco arrullo
      salto de sirena

es círculo de fragatas
líquido afán

    por abrir puertas sobre el mar

"tú dame el mar

        que yo te doy lo que quieras"

yo, a veces puerto

    tú, siempre el mar

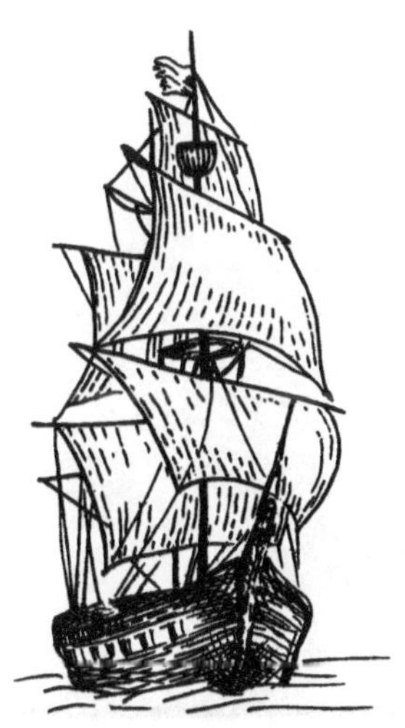

DES–BORDADO

Tuve, alguna vez, un par de calcetines rojos
mi madre los tejió con las hebras de la noche
cuando se enteró que creaba

       una isla dentro de su ser.

La hebra que teje el mar
de Claudia Islas Coronel
se terminó de imprimir en
Octubre de 2020.
Edición que consta de   ejemplares.

Calle Florencia, Manzana 7, Lote 2, Casa 6.
Col. La Toscana. Cuautitlán, Estado de México,
México.